아이의 마음이 자라는
자존감 영어 필사

**아이의 마음이 자라는
자존감 영어 필사**

지은이 퍼포먼스 코치 리아
펴낸이 임상진
펴낸곳 (주)넥서스

초판 1쇄 발행 2025년 11월 5일
초판 2쇄 발행 2025년 11월 10일

출판신고 1992년 4월 3일 제311-2002-2호
10880 경기도 파주시 지목로 5
Tel (02)330-5500 Fax (02)330-5555

ISBN 979-11-94643-90-6 63740

출판사의 허락 없이 내용의 일부를
인용하거나 발췌하는 것을 금합니다.
저자와의 협의에 따라서 인지는 붙이지 않습니다.

가격은 뒤표지에 있습니다.
잘못 만들어진 책은 구입처에서 바꾸어 드립니다.

www.nexusbook.com

머리말

아이들은 학교와 집, 그리고 친구들 사이에서 매일 많은 것을 느낍니다.
오늘은 친구와 크게 웃었지만, 내일은 사소한 일로 속상해 울기도 하고, 어떤 날은 자신감 있게 도전하다가도, 또 어떤 날은 부끄러움 때문에 한 발 물러서기도 합니다.
그리고 이런 다양한 순간들 속에 아이가 어떤 메시지를 듣고, 어떤 말을 연습하는지가 중요합니다.

"난 할 수 없어.", "난 쓸모 없어."가 아니라,
"난 사랑받고 있어.", "난 해낼 수 있어."라는 메시지를 연습한다면 어떨까요?
그렇다면 햇살 가득한 날에도, 구름이 낀 흐린 날에도, 다양한 마음과 다양한 순간들 속에서 아이의 자존감은 건강하게 자랄 수 있을 것입니다.

이 책은 우리 아이들이 매일 짧은 이야기의 주인공이 되어 튼튼한 자존감을 만들어 갈 수 있도록 구성하였습니다.

예를 들어,
Chapter 1. About Me: 아이가 자신을 소개하는 말들을 하면서, 자기 존재를 긍정적으로 바라보는 이야기들을 쓰게 됩니다. 나는 어떤 생각을 하고, 무엇을 잘하고, 무엇을 좋아하는지, 어떤 모습으로 살아가는지 스스로 알아갈 때, 아이는 자신을 더 소중하게 여길 수 있습니다.

Chapter 2. My Big Feelings: 감정을 표현하고 이름을 붙여 보고, 감정을 다룰 수 있다고 느끼는 경험은 아이가 스스로를 이해하고, 감정이 잘못된 것이 아님을 건강하게 배울 수 있는 기회가 됩니다. 감정을 건강하게 받아들이면 자기 부정 대신, 자기 존중을 키워갈 수 있습니다.

Chapter 3. I Can Try New Things: 도전과 시도 자체가 가치 있다는 메시지를 필사하며 실패를 두려워하지 않는 태도를 키울 수 있습니다. "나는 해 볼 수 있어."라는 자기효능감을 키우는 것이 자존감의 핵심 자원이 됩니다.

Chapter 4. I am Loved: 아이가 반복적으로 "사랑받고 있다"는 메시지를 필사하며 안정감과 소속감을 마음에 새길 수 있습니다. "난 사랑받을 만한 존재"라는 믿음이 아이의 건강한 자존감의 기초가 됩니다.

Chapter 5. My Friends and I: 또래 관계에서 친절과 존중을 배우고, 동시에 '나'를 잃지 않는 균형을 배우게 됩니다. 친구들과 즐겁게 연결되며, 건강한 관계를 맺을 수 있는 메시지들을 필사해 볼 수 있습니다.

그 외 챕터들 모두 아이들이 자신을 긍정적으로 바라보고, 건강한 자존감을 키우기 위해 필요한 메시지들을 이야기 형식으로 구성했습니다.

아이들은 영어 문장을 따라 쓰는 단순한 필사를 통해 단어와 표현을 넘어, 매일 자기 마음을 응원하는 언어를 새기게 됩니다. "I am loved." "I can do this!" 같은 문장들이 반복될수록, 아이 마음속에 자신을 믿는 씨앗이 조금씩 자라나게 될 것입니다.

퍼포먼스 코치 리아

목차

Chapter 01 About Me 나에대해서

DAY 001	My Imagination 나의 상상	14
DAY 002	My Questions 나의 질문들	16
DAY 003	My Fun Stories 나의 재밌는 이야기들	18
DAY 004	I Was in the Zone! 몰입 중이었어!	20
DAY 005	Spotting the Tiny Stuff 작은 것들을 발견하는 것	22
DAY 006	My Way 나의 방식	24
DAY 007	Singing to Myself 혼자 노래 부르기	26
DAY 008	Waving at the Clouds 구름에게 손 흔들기	28
DAY 009	Talker or Listener 이야기하거나 듣거나	30
DAY 010	Being Me 내가 나인 것	32

Chapter 02 My Big Feelings 나의 커다란 감정들

DAY 011	Feeling Mad 화가 날 때	36
DAY 012	Feeling Shy 부끄러움을 느낄 때	38
DAY 013	Slow Like a Turtle 거북이처럼 느리게	40
DAY 014	Squeezing My Fist 주먹을 꽉 쥐는 것	42
DAY 015	Happy Pictures in My Head 머릿속 행복한 그림들	44
DAY 016	My Pocket Ball 내 주머니 속의 공	46
DAY 017	Count to Ten 열까지 세기	48
DAY 018	Feeling Frustrated 답답할 때	50
DAY 019	Feeling Left Out 소외됐다고 느낄 때	52
DAY 020	Feeling Jealous 질투 날 때	54

Chapter 03   I Can Try New Things 난 새로운 걸 할 수 있어

DAY 021	Speaking in Front of the Class 반 친구들 앞에서 말하기	**58**
DAY 022	Trying New Things 새로운 거 해 보기	**60**
DAY 023	Helping With Dinner 저녁 준비 돕기	**62**
DAY 024	Learning to Jump Rope 줄넘기 배우기	**64**
DAY 025	Spicy Noodles 매운 라면	**66**
DAY 026	Joining a New Game 새로운 게임 같이 해 보기	**68**
DAY 027	Playing a New Song 새로운 곡 연주하기	**70**
DAY 028	Trying a Roller Coaster 롤러코스터 타 보기	**72**
DAY 029	Wearing a New Outfit 새로운 옷 입기	**74**
DAY 030	Solving a New Math Problem 새로운 수학 문제 풀기	**76**

Chapter 04   I Am Loved 나는 사랑 받고 있어

DAY 031	Loved All the Way 사랑 받으며 자라는 나	**80**
DAY 032	Love's Everywhere 사랑은 어디에나 있어	**82**
DAY 033	Just Because 그냥 이유 없이	**84**
DAY 034	Just Us Time 우리만의 시간	**86**
DAY 035	Saved for Me 날 위해 남겨 둔 것	**88**
DAY 036	People Who Care 나를 생각해 주는 사람들	**90**
DAY 037	Love Isn't Stuff 사랑은 물건이 아니야	**92**
DAY 038	Busy, but Still Time 바빠도 함께하는 시간	**94**
DAY 039	Love on a Plate 접시 위의 사랑	**96**
DAY 040	Safe, Special, Loved 안전하고, 특별하고, 사랑 받는 나	**98**

Chapter 05　Me and My Friends 나와 내 친구들

DAY 041	Making My Friends Laugh 친구들을 웃게 하기	102
DAY 042	Meeting New Friends 새로운 친구 만나기	104
DAY 043	Saying Thank You 고맙다고 말하기	106
DAY 044	Saying Sorry 미안하다고 말하기	108
DAY 045	Taking a Break 쉬는 것	110
DAY 046	Saying No 싫다고 말하기	112
DAY 047	When They Say Mean Things 친구들이 못되게 말할 때	114
DAY 048	When They Love Winning Too Much 친구들이 이기는 걸 너무 좋아할 때	116
DAY 049	Different, but Still Friends 다르지만 여전히 친구	118
DAY 050	Good Friends 좋은 친구들	120

Chapter 06　I Can Be Kind 나는 친절할 수 있어

DAY 051	My Superpower 나의 슈퍼파워	124
DAY 052	Kind Words for Me 나한테 하는 친절한 말	126
DAY 053	Helping Someone New 새 친구 도와주기	128
DAY 054	Thanking People 고마움 전하기	130
DAY 055	Being Kind to Myself 나한테도 친절하게	132
DAY 056	Giving Compliments 칭찬하기	134
DAY 057	Helping Out 도와주기	136
DAY 058	Cheering for Friends 친구들 응원하기	138
DAY 059	Saying No Kindly 친절하게 거절하기	140
DAY 060	Sharing My Stuff 내 것을 나눠 주기	142

Chapter 07　Someday Me 언젠가의 나

DAY 061	Taller Me 더 큰 나	146
DAY 062	Future Driver 미래의 운전사	148
DAY 063	More Adventures 더 많은 모험	150
DAY 064	I'm Not in a Hurry 서두르지 않아	152
DAY 065	Near Future Me 가까운 미래의 나	154
DAY 066	Robot Helper 로봇 도우미	156
DAY 067	My Future Room 미래의 내 방	158
DAY 068	Trying Things Now 지금 해 보기	160
DAY 069	Future Me's Pets 미래의 나의 반려동물	162
DAY 070	What Will I Do? 나는 뭘 할까?	164

Chapter 08　Getting Better Takes Time 나아지는 데는 시간이 걸려

DAY 071	Just Starting 이제 막 시작	168
DAY 072	Getting Back Up 다시 일어나기	170
DAY 073	Not Quitting 포기하지 않는 것	172
DAY 074	Enjoying My Art 나의 그림을 즐기는 것	174
DAY 075	Reading Out Loud 큰 소리로 읽는 것	176
DAY 076	Getting Faster 빨라지는 것	178
DAY 077	Forgetting Rules 규칙을 잊어버릴 때	180
DAY 078	Messing Up 실수할 때	182
DAY 079	Learning Guitar 기타를 배우는 것	184
DAY 080	Growing Up 성장하는 것	186

Chapter 09 Strong Body, Strong Me 강한 몸, 강한 나

DAY 081	Best Snack Power 힘나는 최고의 간식	**190**
DAY 082	Not Too Much! 너무 많이는 안 돼!	**192**
DAY 083	Moving Time 움직이는 시간	**194**
DAY 084	Bike Adventures 자전거 모험	**196**
DAY 085	Stretching Before Sports 운동 전 스트레칭	**198**
DAY 086	Tasty Water 맛있는 물	**200**
DAY 087	Hand Wash Squad 손 씻기 팀	**202**
DAY 088	Toothbrush Time 칫솔 시간	**204**
DAY 089	Sleep Magic 잠의 마법	**206**
DAY 090	My Body, My Team 내 몸, 나의 팀	**208**

Chapter 10 Best Part of My Day 하루의 가장 좋은 부분

DAY 091	Laughing So Hard 많이 웃는 것	**212**
DAY 092	Blue Popsicles 파란색 아이스 바	**214**
DAY 093	Mini Band 미니 밴드	**216**
DAY 094	The Tallest Tower 가장 높은 탑	**218**
DAY 095	Same Outfit 같은 옷차림	**220**
DAY 096	Soft Cookie 부드러운 쿠키	**222**
DAY 097	New Sneakers 새 운동화	**224**
DAY 098	Fun Story 재밌는 이야기	**226**
DAY 099	Playing Fetch 공 던져 주기 놀이	**228**
DAY 100	Board Game 보드게임	**230**

《 이렇게 활용해 보세요! 》

①
내 마음은 나의 것이에요. 내가 어떤 감정을 가지고 있고,
주변으로부터 어떤 사랑을 받고 있는지 영어로 따라 써 보세요.

②
MP3를 들으면서 다양한 마음을 직접 말해 보는 연습을 해 보세요.
특히 마지막 문장은 큰 소리로 외치면서,
쑥쑥 자라나는 나의 마음을 느껴 보세요.

《 원어민 MP3 듣기 》

스마트폰에서   컴퓨터에서

   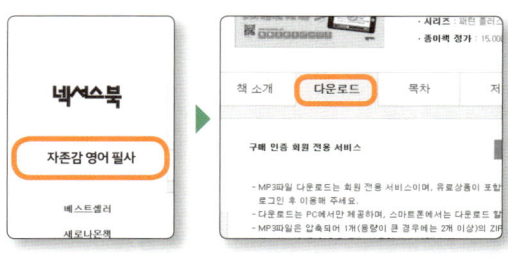

스마트폰으로   넥서스 홈페이지(www.nexusbook.com)에서
QR코드 인식하기   도서명을 검색하고 다운 받기

About Me

나에 대해서

DAY 001

My Imagination
나의 상상

I like to think about big questions.

Sometimes I imagine flying into space.

"Flying into space sounds so awesome!"

나는 큰 질문들을 떠올리는 걸 좋아해.

가끔은 우주로 날아가는 상상을 해 보기도 해.

"우주로 날아간다니, 진짜 멋질 것 같아!"

오늘의 단어

imagination 상상력 · **question** 질문 · **sometimes** 가끔, 때때로 ·

imagine 상상하다 · **space** 우주 · **awesome** 멋진, 엄청난

DAY 002

My Questions

나의 질문들

I ask a lot of questions.

Some people say it's too much,

but I'm just curious.

"I just wanna know how things work!"

나는 질문이 많아.

어떤 사람들은 너무 많다고 하지만,

나는 그냥 궁금한 거야.

"난 그냥 알고 싶은 거야!"

오늘의 단어

a lot of 많은 · **too much** 너무 많은 · **just** 그냥 · **curious** 궁금한 ·

work (일이나 상황 등이) 돌아가다

DAY 003

My Fun Stories

나의 재밌는 이야기들

Even when I'm super quiet,

my imagination is super loud.

Anything can turn into an adventure in my head.

"This pencil? It's actually a time machine."

조용히 있을 때도, 내 상상력은 아주 시끌벅적해.

뭐든지 내 머릿속에선 모험이 될 수 있어.

"이 연필? 사실은 타임머신이야."

오늘의 단어

even 심지어 · **super** 굉장히, 대단히 · **loud** 시끄러운 · **turn into** ~이 되다, 바뀌다 · **adventure** 모험 · **actually** 사실은

DAY 004

I Was in the Zone!

몰입 중이었어!

I get super focused when I'm into something.

Sometimes I don't even hear

when someone calls my name!

"Wait, I was in the zone!"

어떤 걸 좋아하게 되면 엄청 집중해.

그래서 누가 내 이름 불러도 못 들을 때가 있어!

"잠깐만, 나 완전 몰입 중이었어!"

오늘의 단어

in the zone 몰입 중인, 무아지경인 · **focused** 집중한 · **be into** ~을 좋아하다 ·

hear 듣다 · **call** 부르다

DAY 005

Spotting the Tiny Stuff

작은 것들을 발견하는 것

I see little things others miss.

Like the ant under the bench

or the funny cloud above the tree.

"Whoa, did anyone else see that?"

나는 다른 사람들이 잘 못 보는 작은 걸 잘 봐.

벤치 밑에 있는 개미나

나무 위 웃긴 구름 같은 거 말이야.

"우와, 이거 봤어?"

오늘의 단어

spot 발견하다, 알아채다 · **tiny** 아주 작은 · **little** 작은 · **others** 다른 사람들 · **miss** 놓치다 · **under** ~아래에 · **above** ~위쪽에 · **anyone else** 다른 누군가 · **whoa** 우와(감탄사)

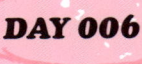

My Way
나의 방식

Sometimes I like to do things my own way.

Even if everyone else is doing it differently.

That just means I'm me.

"Wanna see me paint the tree pink?"

가끔은 나만의 방식대로 하고 싶어.
다른 친구들이 다르게 해도 괜찮아.
그건 그냥 나답게 한다는 뜻이야.
"나무를 분홍색으로 칠하는 거 보고 싶어?"

오늘의 단어

way 방법, 방식 · **own** 자신만의 · **everyone else** 다른 모든 사람 · **differently** 다르게 · **mean** 의미하다 · **wanna** want to의 줄임말 · **paint** 색칠하다

DAY 007

Singing to Myself
혼자 노래부르기

When I'm coloring or building blocks,

I sometimes make up little songs.

It just makes everything more fun.

"Did you hear my song?"

내가 색칠을 하거나 블록을 쌓을 때,
가끔 짧은 노래를 지어 불러.
그러면 모든 게 더 재미있어져.
"내 노래 들었어?"

오늘의 단어

to oneself 혼자 · **when** ~할 때 · **color** 색칠하다 · **build** 짓다, 쌓다 ·
make up 지어내다 · **everything** 모든 것 · **more** 더 많이

DAY 008
Waving at the Clouds
구름에게 손 흔들기

Sometimes I wave at the clouds.

It feels like they're watching over me.

I wonder if they wave back.

"Hi, Clouds!"

가끔 난 구름한테 손을 흔들어.

구름이 나를 지켜보는 것 같아.

구름도 나한테 손을 흔들지 궁금해.

"안녕, 구름아!"

오늘의 단어

wave 손을 흔들다 · **feel like** ~처럼 느껴지다 · **watch over** ~을 지켜보다 ·
wonder 궁금하다 · **if** ~인지 아닌지

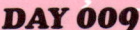

DAY 009

Talker or Listener

이야기하거나 듣거나

Sometimes I've got a lot to say.

Other times, I'd rather just listen.

That's totally me too.

"Today, I just feel like listening."

어떤 날은 말이 많아지고,

어떤 날은 그냥 듣고 싶은 날도 있어.

그 두 가지가 다 나야.

"오늘은 그냥 듣고 싶은 기분이야."

오늘의 단어

talker 말이 많은 사람 · **listener** 듣는 사람 · **other times** 다른 때 ·
would rather 차라리 ~하고 싶다 · **listen** 듣다 · **totally** 완전히 · **today** 오늘

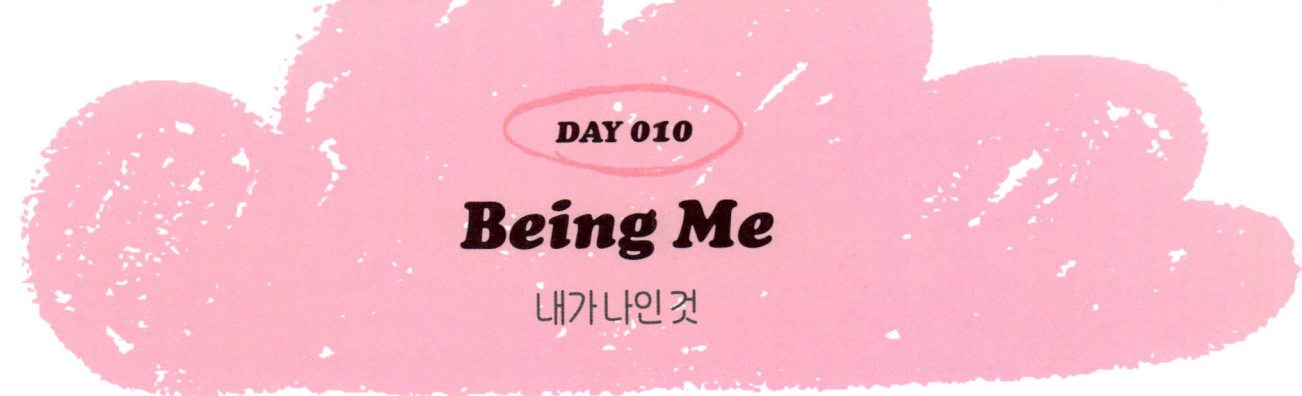

DAY 010

Being Me

내가 나인 것

I like being me.

Even if I'm not like everyone else.

I'm still me, and that's pretty cool.

We're all awesome in our own way.

"Yep, that's me."

나는 나인 게 좋아.

다른 사람들과 조금 다르게 느껴질 때도 있지만,

그래도 나는 나야. 그리고 그건 꽤 멋진 일이야.

우리 모두는 각자 멋진 존재니까.

"응, 그게 나야."

오늘의 단어

even if (비록) ~일지라도 · **still** 여전히 · **pretty** 꽤 · **cool** 멋진 · **all** 모두 ·

awesome 아주 멋진 · **own way** 자신만의 길

My Big Feelings
나의 커다란 감정들

DAY 011
Feeling Mad
화가 날 때

[

I am mad.

I wanted to go to the playground.

Oh man…

But we can go later when it's not raining.

"I'm okay now."

]

나 화 났어.

놀이터에 가고 싶었는데 말야.

아, 정말…

하지만 나중에 비가 안 올 때 가면 돼.

"이제 괜찮아."

오늘의 단어

mad 화가 난 · **playground** 놀이터 · **Oh man** 이런(감탄사) · **but** 하지만 ·
later 나중에 · **rain** 비가 오다

DAY 012
Feeling Shy
부끄러움을 느낄때

I get shy really easily.

When that happens,

my face gets really hot.

"You too?"

나는 부끄럼을 잘 타.
부끄러워지면
얼굴이 정말 화끈거려.
"너도?"

오늘의 단어

shy 수줍은, 부끄러워하는 · **get** ~해지다 · **really** 정말로 · **easily** 쉽게 ·
happen (일이) 일어나다, 발생하다 · **face** 얼굴 · **hot** 뜨거운

DAY 013
Slow Like a Turtle
거북이처럼 느리게

If my heart is going too fast, I pretend I'm a turtle.

I breathe in slowly… and out even slower.

My body starts to calm down.

"Turtle mode!"

심장이 너무 빨리 뛸 때, 나는 거북이라고 생각해.

숨을 천천히 들이마시고… 더 천천히 내쉬어.

그러면 몸이 점점 차분해져.

"거북이 모드!"

오늘의 단어

slow 느린, 느리게 • **heart** 심장 • **pretend** ~인 척하다 • **breathe in** 숨을 들이마시다 •

slowly 느리게 • **breathe out** 숨을 내쉬다 • **calm down** 차분해지다 • **turtle** 거북이

DAY 014
Squeezing My Fist
주먹을 꽉 쥐는것

Sometimes I get mad so fast.

When that happens,

I stop and squeeze my fists really tight,

then slowly let go.

"That helps me not go full volcano mode!"

가끔 나는 엄청 빨리 화가 나.

그럴 땐 멈춰서 주먹을 꽉 쥐었다가 천천히 풀어.

"그러면 화산처럼 폭발하지 않게 돼!"

오늘의 단어

squeeze 꽉 쥐다 · **fist** 주먹 · **so** 매우, 엄청 · **stop** 멈추다 · **tight** 꽉 · **let go** 놓다 · **full** 가득한, 완전한 · **volcano** 화산

DAY 015

Happy Pictures in My Head
머릿속 행복한 그림들

[When I don't feel good, I think of fun stuff.

Like theme parks or baby puppies.

It makes me smile again.

"Now I feel better."]

기분이 안 좋을 땐, 즐거운 걸 생각해.

놀이공원이나 아기 강아지 같은 거.

그러면 다시 웃게 돼.

"이제 기분이 좋아졌어."

오늘의 단어

happy 행복한 · **picture** 그림 · **head** 머리 · **stuff** 것 · **theme park** 놀이공원
puppy 강아지 · **smile** 미소 짓다 · **again** 다시 · **feel better** 기분이 나아지다

DAY 016
My Pocket Ball
내 주머니 속의 공

When I feel worried,

I hold my lucky ball in my pocket.

It's smooth and warm in my hand.

It reminds me I'm safe.

"I've got my ball."

걱정될 때는

주머니 속 행운의 공을 꼭 쥐어.

손에 닿으면 매끈하고 따뜻해.

그러면 내가 안전하다는 게 떠올라.

"내 공이 있어."

오늘의 단어

pocket 주머니 · **worried** 걱정하는 · **hold** 쥐다 · **lucky** 행운의 · **smooth** 매끈한 · **warm** 따뜻한 · **remind** 상기시키다 · **safe** 안전한

DAY 017

Count to Ten

열까지 세기

[If I feel like yelling, I count to ten in my head.

One… two… three…

By the time I get to ten, I feel calmer.

"I made it to ten!"]

소리를 지를 것 같을 땐, 머릿속으로 열까지 세.

하나… 둘… 셋…

열까지 세고 나면 마음이 차분해져.

"열까지 셌다!"

오늘의 단어

count 세다 · **if** 만약 ~하면 · **yell** 소리 지르다 · **by the time** ~할 때까지 ·

calmer 더 차분한 · **make it** 해내다, 성공하다

DAY 018
Feeling Frustrated
답답할때

When I get super frustrated, I feel like quitting.

Everything feels way too hard.

So I take a break and cool off.

"I can cool down."

나는 엄청 답답할 땐 그만두고 싶어.

모든 게 너무 어려워 보여.

그럴 땐 쉬었다가 진정하면 돼.

"진정할 수 있어."

오늘의 단어

frustrated 답답한, 좌절당한 · **quit** 그만두다 · **way** 훨씬 · **take a break** 쉬다 · **cool off** 진정하다 · **cool down** 진정하다, 차분해지다

DAY 019
Feeling Left Out
소외됐다고 느낄 때

When I feel left out,

I try to pretend I'm fine.

But I'm actually not okay.

I can ask a friend if I can play.

"Can I play next round?"

소외됐다고 느끼면, 나는 괜찮은 척해.

하지만 사실 괜찮지 않아.

친구에게 같이 놀 수 있는지 물어볼 수 있어.

"나 다음 판에 껴도 돼?"

오늘의 단어

leave out 제외하다, 소외시키다 · **try** 노력하다, 시도하다 · **fine** 괜찮은 · **friend** 친구 · **round** 한 차례, 회

DAY 020

Feeling Jealous
질투 날 때

Sometimes I feel jealous.

Like when my friend wins something I wanted.

But I still want to cheer for him.

"Nice! I wanted it too, but you did awesome!"

질투가 날 때가 있어.

친구가 내가 원하던 걸 해냈을 때 말이야.

그래도 그 친구를 응원해 주고 싶어.

"좋겠다! 나도 해내고 싶었는데, 너 진짜 잘했어!"

오늘의 단어

jealous 질투하는 • **win** 이기다, 얻어 내다 • **cheer for** ~를 응원하다 • **too** ~도, 또한

I Can Try New Things

난 새로운 걸 할 수 있어

DAY 021
Speaking in Front of the Class
반 친구들 앞에서 말하기

My hands were sweaty.

My heart was racing.

I took a breath and started talking.

"I actually did it!"

손에 땀이 났어.

심장이 쿵쿵 뛰었어.

숨을 한 번 쉬고 말하기 시작했어.

"나 진짜 해냈어!"

I Can Try

오늘의 단어

speak 말하다 • **in front of** ~앞에 • **class** 반, 교실 • **sweaty** 땀이 난 •
race (두려움 등으로) 정신없이 돌아가다 • **take a breath** 숨을 한 번 쉬다 • **talk** 얘기하다

DAY 022

Trying New Things
새로운 거 해보기

Sometimes I get nervous.

But I can still give it a shot.

If I mess up, it's not the end of the world.

"Trying is kinda fun."

가끔은 긴장돼.

그래도 시도는 해 볼 수 있어.

혹시 망쳐도 세상 끝은 아니야.

"해 보니까 좀 재밌네."

오늘의 단어

try 시도하다 · **new** 새로운 · **nervous** 긴장한 · **give it a shot** 시도해 보다 · **mess up** 망치다 · **end** 끝 · **world** 세상 · **kinda** (kind of의 줄임말) 약간

DAY 023

Helping With Dinner

저녁 준비 돕기

I was nervous I'd mess it up.

But I made the egg salad,

and everyone actually enjoyed it!

"Turns out I can cook a little!"

망칠까 봐 긴장됐어.
그래도 달걀 샐러드를 만들었는데,
모두가 맛있게 먹었어!
"나 요리 조금은 할 줄 알잖아!"

오늘의 단어

help with ~을 돕다 · **dinner** 저녁 식사 · **enjoy** 즐기다 · **turn out** ~으로 밝혀지다 · **cook** 요리하다 · **a little** 조금

DAY 024
Learning to Jump Rope
줄넘기 배우기

I kept tripping at first.

Then I finally got five jumps in a row.

It was fun.

"Let's see if I can get ten."

처음엔 계속 걸렸어.

그러다 드디어 다섯 번을 연속으로 했어.

재밌었어.

"이번엔 열 번을 해 볼까?"

오늘의 단어

learn 배우다 • **jump rope** 줄넘기를 하다 • **keep** 계속 하다 • **trip** 발이 걸려 넘어지다

at first 처음에는 • **then** 그러다가 • **finally** 결국, 드디어 • **in a row** 연속으로

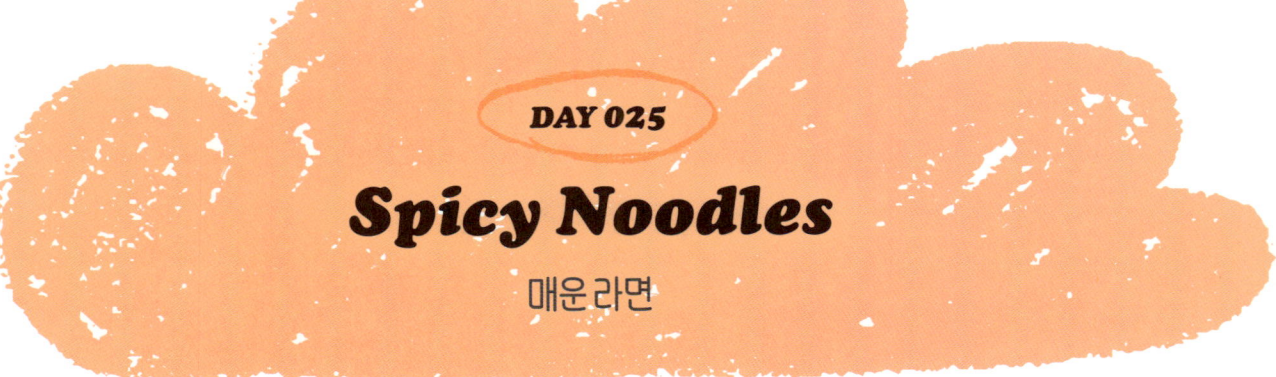

DAY 025
Spicy Noodles
매운 라면

They smelled super strong.

My tongue felt like it was on fire.

I laughed and drank water fast.

"Okay, that was kinda good."

냄새가 엄청 강했어.
혀가 불타는 것 같았어.
나는 웃으면서 물을 빨리 마셨어.
"오, 근데 좀 맛있네."

오늘의 단어

spicy 매운 · **noodle** 국수, 라면 · **smell** 냄새가 나다 · **strong** 센, 강한 · **tongue** 혀 · **on fire** 불타는 듯한 · **laugh** 웃다 · **drink** 마시다

DAY 026

Joining a New Game
새로운 게임 같이해보기

I didn't know the rules,

so I just watched for a bit.

Then I jumped in.

"That was way more fun than I thought."

규칙을 몰라서

잠깐 구경만 했어.

그러다 뛰어들었어.

"생각보다 훨씬 재밌네."

오늘의 단어

join 합류하다 • **rule** 규칙 • **so** 그래서 • **watch** 보다 • **a bit** 잠깐, 조금 • **jump in** 뛰어들다 • **than** ~보다

DAY 027

Playing a New Song
새로운 곡 연주하기

I looked at the new notes on the page.

It seemed hard at first.

I started slowly, and little by little,

it sounded like a song.

"Hey, I can play this!"

악보에 처음 보는 음표가 있었어.
처음엔 어려워 보였어.
천천히 시작했더니, 조금씩,
노래처럼 들렸어.
"우와, 나 이거 연주할 수 있네!"

오늘의 단어

play 연주하다 • **song** 노래 • **note** 음표 • **page** 쪽, 페이지 • **seem** ~으로 보이다

hard 어려운 • **little by little** 조금씩, 서서히 • **sound** ~로 들리다

DAY 028

Trying a Roller Coaster
롤러코스터 타보기

I almost chickened out in line.

But I held my friend's hand and got on.

I loved it!

"Let's go again!"

줄을 서 있을 때 거의 포기할 뻔했어.

근데 친구 손을 잡고 탔어.

너무 재미있었어!

"한 번 더 타자!"

I Can Try

오늘의 단어

roller coaster 롤러코스터 · **almost** 거의 · **chicken out** 겁을 먹고 그만두다 · **in line** 줄을 서 있는 · **hold one's hand** ~의 손을 잡다 · **get on** ~을 타다

Wearing a New Outfit
DAY 029
새로운 옷 입기

It was brighter than what I usually wear.

I thought people might stare.

Instead, my friends said it looked cool.

"Glad I wore it."

평소보다 색이 더 화려했어.

사람들이 쳐다볼 것 같았어.

그런데 친구들이 멋지다고 했어.

"입길 잘했네."

오늘의 단어

wear 입다 · **outfit** 옷차림 · **brighter** 더 밝은, 더 선명한 · **usually** 평소에, 주로 · **people** 사람들 · **might** ~일지도 모른다 · **stare** 뚫어지게 바라보다 · **instead** 대신에

DAY 030
Solving a New Math Problem
새로운 수학 문제 풀기

I stared at the problem for a while.

It looked tricky.

I tried one step, then another… and it worked!

"I actually figured it out!"

문제를 한참 쳐다봤어.

좀 어려워 보였어.

한 단계, 또 한 단계를 하다 보니… 됐어!

"우와, 내가 풀었어!"

오늘의 단어

solve (문제 등을) 풀다, 해결하다 • **math** 수학 • **problem** 문제 • **tricky** 까다로운 • **for a while** 잠시 동안 • **another** 또 다른 하나 • **figure out** 계산해 내다, 알아내다

Chapter 04

I Am Loved

나는 사랑 받고 있어

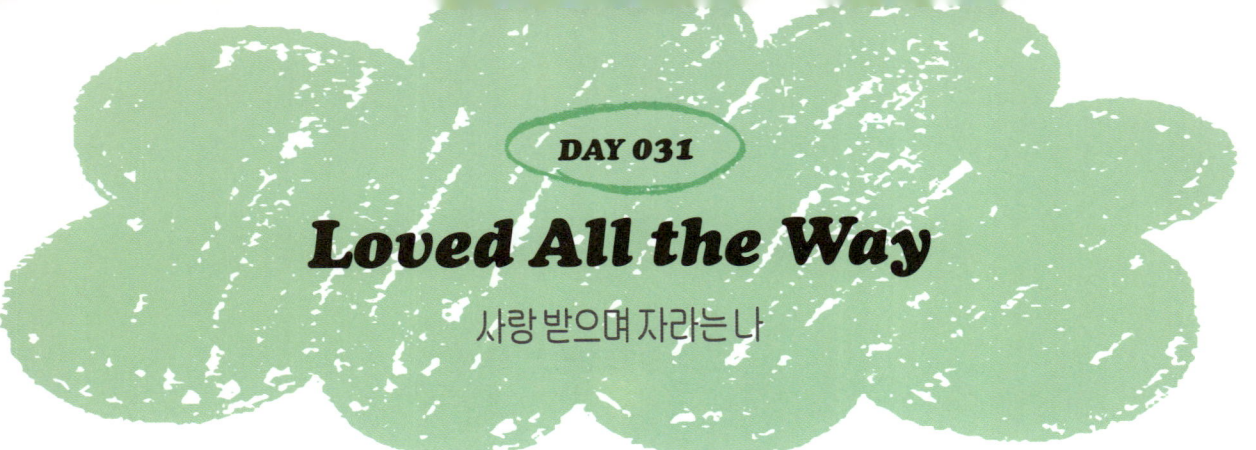

DAY 031
Loved All the Way
사랑 받으며 자라는 나

I'm always learning and getting better.

And I'm loved all the way.

That makes me feel so strong.

"I am loved."

나는 매일 배우고 점점 나아지고 있어.

그리고 그 모든 과정에서 사랑을 받고 있어.

그게 나를 정말 강하게 해 줘.

"난 사랑 받고 있어."

오늘의 단어

loved 사랑 받는 · **all the way** 내내 · **always** 항상 · **get better** 점점 나아지다

DAY 032
Love's Everywhere
사랑은 어디에나 있어

Sometimes love is like hugs and "I love you."

Other times it's someone remembering what I like.

"Love's everywhere!"

사랑은 포옹이나 "사랑해." 같을 때가 있어.
또 내가 좋아하는 걸 기억해 줄 때도 있어.
"사랑은 어디에나 있어!"

오늘의 단어

everywhere 어디에나 · **hug** 포옹 · **other times** 다른 어떤 때 ·

remember 기억하다

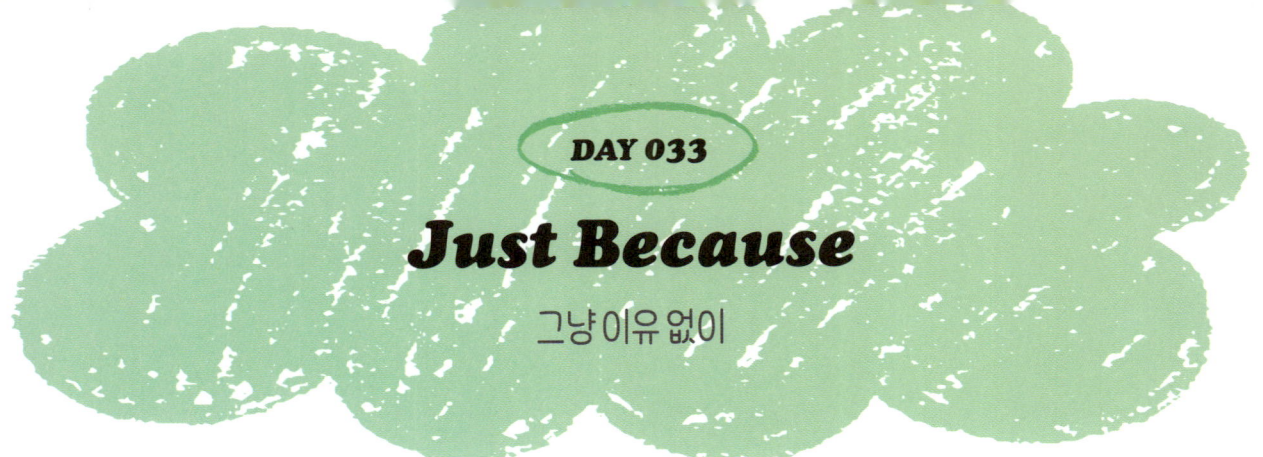

DAY 033
Just Because
그냥 이유 없이

Sometimes my mom hugs me for no reason.

Not because I did something. Just because.

That makes my heart feel warm.

"Can I give you a hug?"

가끔 엄마가 이유 없이 안아 줘.

내가 뭘 해서가 아니라, 그냥.

그럼 마음이 따뜻해져.

"내가 안아 줘도 돼?"

오늘의 단어

just because 그냥, 아무 이유 없이 · **mom** 엄마 · **hug** 안다 ·
for no reason 이유 없이 · **because** 왜냐하면 · **give someone a hug** 안아 주다

DAY 034
Just Us Time
우리만의 시간

Sometimes me and my grandma eat popsicles.

We don't even talk much,

but I know she's happy I'm there.

"I'm happy too."

가끔 나는 할머니랑 아이스 바를 먹어.
많은 이야기를 하진 않아도
내가 있어서 할머니가 기쁘다는 건 알아.
"저도 기뻐요."

오늘의 단어

just 오직 · **grandma** 할머니 · **popsicle** 막대 형태의 아이스크림 · **much** 많이 ·

happy 기쁜, 행복한 · **there** 그곳에, 거기에

DAY 035

Saved for Me

날 위해 남겨둔 것

My sister saved me the last cookie.

She even put it on a plate with my name on it.

It made me feel special.

"I'll save yours next time!"

언니가 마지막(하나 남은) 쿠키를 나를 위해 남겨 줬어.

내 이름이 적힌 접시에 올려놓기까지 했어.

정말 특별한 기분이었어.

"다음엔 내가 언니 거 남겨 줄게!"

오늘의 단어

save 남겨 두다, 아끼다 · **sister** 언니, 여동생 · **last** 마지막의 · **put on** 올려놓다 · **plate** 접시 · **special** 특별한 · **next time** 다음번

DAY 036
People Who Care
나를 생각해 주는 사람들

When I'm sad,

I think about people who love me.

It helps me feel less alone.

"It feels like they're right here."

속상할 때면

나를 사랑해 주는 사람들을 떠올려.

그러면 덜 외로워.

"마치 지금 여기 있는 것 같아."

오늘의 단어

care 관심을 가지다, 배려하다 · **think about** ~을 생각하다 · **less** 덜 · **alone** 외로운 · **right** 바로

DAY 037
Love Isn't Stuff
사랑은 물건이 아니야

Sometimes I want something

but my parents say no.

It doesn't mean they don't love me.

It means I don't need it right now.

"Love's bigger than buying things."

가끔 내가 갖고 싶은 게 있어도
엄마 아빠가 안 된다고 할 때가 있어.
그게 날 사랑하지 않아서가 아니라
지금은 나에게 필요하지 않아서야.
"사랑은 물건을 사는 것보다 소중해."

오늘의 단어

stuff 물건 · **parents** 부모님 · **mean** 의미하다 · **need** 필요하다 · **right now** 지금 당장 · **buy** 사다

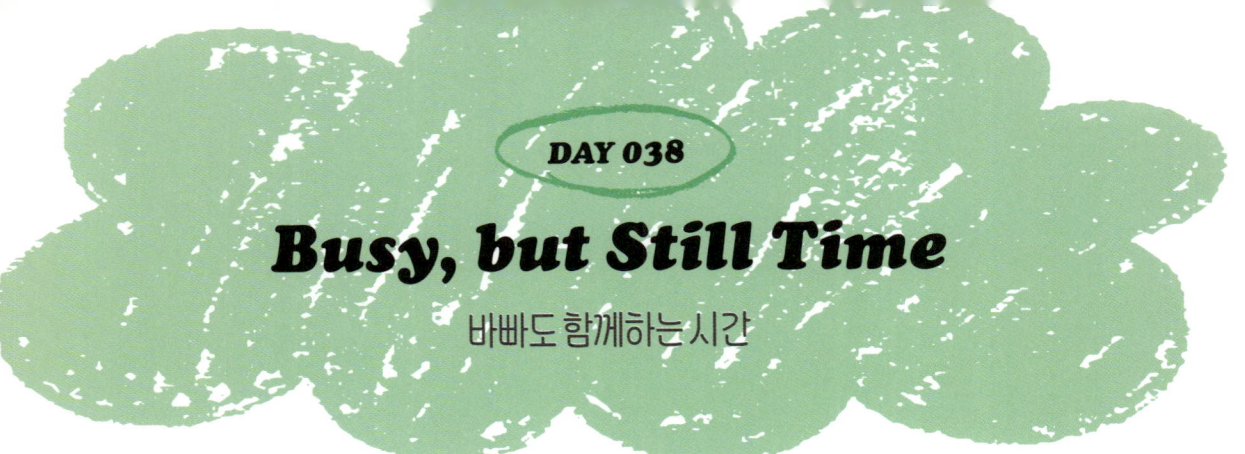

DAY 038
Busy, but Still Time
바빠도 함께하는 시간

My mom's really busy.

But she still sits with me and listens to my day.

That's my favorite part.

"She makes time for me."

우리 엄마는 정말 바빠.

그래도 나랑 앉아서 내 얘기를 들어 주셔.

그 시간이 제일 좋아.

"엄마는 시간을 내 주셔."

오늘의 단어

busy 바쁜 • **sit** 앉다 • **day** 날 • **favorite** 가장 좋아하는 • **part** 부분, 일부

DAY 039
Love on a Plate
접시 위의 사랑

When my dad cooks my favorite noodles,

I know it's for me.

He even remembers the extra cheese.

It's so yummy.

"Best noodles ever!"

아빠가 내가 좋아하는 면 요리를 해 줄 때

그게 나를 위한 거라는 걸 알아.

치즈도 더 넣어 주셔.

정말 맛있어.

"세상에서 제일 맛있는 면!"

오늘의 단어

dad 아빠 • **noodle** 면 • **remember** 기억하다 • **extra** 추가의 • **cheese** 치즈

yummy 맛있는 • **best** 최고의 • **ever** 최상급을 강조하는 말

DAY 040
Safe, Special, Loved
안전하고, 특별하고, 사랑 받는 나

[
I'll always remember this:

I am safe.

I am special.

I am loved.

"All the time."
]

이건 꼭 기억할 거야.

나는 안전해.

나는 특별해.

나는 사랑 받고 있어.

"언제나."

오늘의 단어

safe 안전한 · **special** 특별한 · **loved** 사랑 받는 · **all the time** 언제나, 항상

Chapter 05

Me and My Friends
나와 내 친구들

DAY 041

Making My Friends Laugh

친구들을 웃게 하기

I love making my friends laugh.

I want everyone to have fun.

Being goofy is one of my favorite things.

"Do you want to hear a joke?"

나는 친구들을 웃게 만드는 게 좋아.

다 같이 즐거웠으면 해.

장난치는 게 내가 제일 좋아하는 것 중에 하나야.

"농담 하나 들어 볼래?"

오늘의 단어

laugh 웃다 · **have fun** 즐기다, 즐거운 시간을 보내다 · **goofy** 바보 같은 ·

hear 듣다 · **joke** 농담

DAY 042

Meeting New Friends

새로운 친구 만나기

I get nervous when I meet new people.

But I say "hi" anyways.

You never know who might become

your next best friend.

"Hi, want to play with me?"

새 친구를 만날 땐 좀 떨려.
그래도 나는 "안녕" 하고 말해.
누가 내 제일 친한 친구가 될지 모르는 거잖아.
"안녕, 나랑 놀래?"

오늘의 단어

anyways 어쨌든, 아무튼 · **never** 절대 ~않다 · **know** 알다 · **become** ~이 되다 · **best friend** 제일 친한 친구 · **play** 놀다

DAY 043
Saying Thank You
고맙다고 말하기

Sometimes my friend saves me a seat.

Or shares her snack without me asking.

I try to remember to say, "Thanks!"

"Thanks! That was really nice."

가끔 친구가 내 자리를 맡아 주거나
간식을 나눠 줄 때가 있어.
그럴 땐 "고마워!"라고 말하려고 해.
"고마워! 진짜 좋았어."

오늘의 단어

thank 고마워하다, 감사하다 · **save** 맡다 · **seat** 좌석 · **share** 나누다 · **snack** 간식 · **without** ~없이

DAY 044
Saying Sorry
미안하다고 말하기

Sometimes I mess up and hurt my friend's feelings.

But I can say sorry and really mean it.

I just want us to be okay again.

"I'm sorry. Can we still be friends?"

내가 실수해서 친구 마음을 아프게 할 때도 있어.

그럴 땐 진심으로 미안하다고 말할 수 있어.

다시 사이가 좋아지고 싶으니까.

"미안해. 우리 계속 친구 할 수 있을까?"

오늘의 단어

sorry 미안해, 미안한 · **hurt** 아프게 하다 · **feeling** 감정 · **mean** ~을 의도하다 ·

still 여전히, 아직

DAY 045
Taking a Break
쉬는 것

I like playing with friends.

But sometimes, I just want to be alone for a bit.

It doesn't mean I'm mad, I just need a break.

"Don't worry, I'm just taking a break."

나는 친구들이랑 노는 게 좋아.

그런데 가끔은 혼자 있고 싶을 때도 있어.

그게 화 난 건 아니고, 그냥 잠깐 쉬고 싶은 거야.

"걱정 마, 나 그냥 쉬는 거야."

오늘의 단어

break 쉬는 시간 · **alone** 혼자서 · **for** ~동안 · **mad** 화가 난 · **worry** 걱정하다

DAY 046

Saying No
싫다고 말하기

I used to say "yes" all the time.

I thought that's what nice kids have to do.

But good friends let each other say no.

"No thanks, I don't want to today."

예전에는 늘 "응"이라고 했어.

착한 아이는 그래야 한다고 생각했거든.

근데 진짜 친구는 서로 "싫어"라고 말할 수 있어.

"괜찮아, 오늘은 안 하고 싶어."

오늘의 단어

used to 예전에는 ~했다 · **nice** 착한 · **kid** 아이 · **have to** ~해야 한다 · **let** 허용하다 · **each other** 서로

DAY 047

When They Say Mean Things
친구들이 못되게 말할때

When friends say mean things,

it's not always about me.

Maybe they're just having a tough day

or feeling scared.

"Hey, that wasn't nice."

친구들이 못되게 말할 때가 있는데,
그게 나 때문만은 아닐 수도 있어.
힘든 일이 있거나 무서워서 그럴 수도 있잖아.
"있잖아, 그 말 좀 속상했어."

오늘의 단어

mean 못된 · **maybe** 아마도 · **tough** 힘든, 어려운 · **scared** 무서운, 두려운

DAY 048

When They Love Winning Too Much

친구들이 이기는 걸 너무 좋아할 때

When friends want to win every game,

it gets kind of annoying.

But I guess they just love winning.

They probably don't mean to be bossy.

"Let's play for fun!"

어떤 친구는 게임을 할 때 꼭 이기려고 해.

좀 짜증날 때도 있어.

근데 그냥 이기는 걸 좋아해서 그런 걸지도 몰라.

꼭 일부러 잘난 척하려는 건 아닐 거야.

"그냥 재밌게 놀자!"

오늘의 단어

win 이기다 · **every** 모든 · **kind of** 약간, 어느 정도 · **guess** 추측하다 ·

probably 아마도 · **bossy** 우두머리 행세를 하는 · **for fun** 재미로

DAY 049
Different, but Still Friends
다르지만 여전히 친구

Sometimes we like different stuff.

That's okay, we're not the same person.

We still have fun together.

"You like that? I'm into other stuff,

but that's cool."

가끔 우리는 좋아하는 게 다를 때도 있어.
괜찮아. 우리는 같은 사람이 아니니까.
그래도 같이 즐겁게 놀 수 있어.
"너 그거 좋아해? 난 다른 게 좋지만, 괜찮아."

오늘의 단어

different 다른 · **like** 좋아하다 · **same** 같은 · **person** 사람 · **together** 같이 · **other** 다른

DAY 050
Good Friends
좋은 친구들

Some friends make me feel good inside.

I laugh a lot and don't have to act cool.

"I like how I feel when we hang out."

어떤 친구랑 있으면 마음이 편안해져.

멋있는 척을 안 해도 되고, 그냥 많이 웃게 돼.

"너랑 놀면 기분이 좋아."

오늘의 단어

some 어떤 · **inside** ~안에 · **a lot** 많이 · **act** 연기하다 · **cool** 멋있는 ·

hang out 놀다

I Can Be Kind

나는 친절할 수 있어

DAY 051

My Superpower

나의 슈퍼파워

Kindness isn't just for other people.

It makes me feel good too.

"Kindness is my superpower."

친절은 다른 사람만 좋은 게 아니야.

나도 기분이 좋아져.

"친절은 내 슈퍼파워야."

오늘의 단어

kindness 친절 · **other people** 다른 사람들 · **too** ~도, 또한

DAY 052

Kind Words for Me

나한테 하는 친절한 말

Even when I get something wrong in class,

I don't call myself dumb.

I say, "I'll get it next time."

"I can do this!"

수업 시간에 뭔가를 틀려도

나는 나를 바보라고 부르지 않아.

"다음번엔 할 수 있어."라고 말해.

"난 할 수 있어!"

오늘의 단어

kind 친절한 · **word** 말 · **wrong** 틀린 · **class** 수업 시간 · **myself** 나 스스로 · **dumb** 바보 같은

DAY 053
Helping Someone New
새 친구 도와주기

A new kid at school didn't know where to line up.

I showed her where to go.

"You can stand with me."

학교에 새로 온 친구가 줄 서는 곳을 몰랐어.

그래서 내가 알려 줬어.

"나랑 같이 서도 돼."

오늘의 단어

someone 누군가 · **new** 새로운 · **school** 학교 · **line up** 줄 서다 ·

show 가르쳐 주다 · **stand with** ~와 함께 서다

DAY 054
Thanking People
고마움 전하기

When my dad makes dinner,

I tell him thanks.

It's a little thing, but it matters.

"Thanks for making dinner."

아빠가 저녁을 만들어 주시면

난 꼭 고맙다고 말해.

작은 일이지만, 중요한 거거든.

"저녁 만들어 주셔서 고마워요."

오늘의 단어

when ~할 때 · **make** 만들다 · **little** 작은 · **matter** 중요하다 ·
thanks for ~에 대해 감사하다

DAY 055
Being Kind to Myself
나한테도 친절하게

Sometimes I mess up.

Instead of saying I'm bad,

I tell myself I'm still learning.

"It's okay, I'm doing my best."

가끔 실수할 때가 있어.

그래도 나한테 '난 나쁜 애야'라고 하지 않아.

아직 배우는 중이라고 말해.

"괜찮아, 난 최선을 다하고 있어."

오늘의 단어

sometimes 가끔 · **mess up** 망치다, 실수하다 · **instead of** ~ 대신에 · **learn** 배우다 · **do one's best** 최선을 다하다

DAY 056

Giving Compliments

칭찬하기

My friend's drawing was really cool.

I told her I liked it, and she smiled so big.

"That drawing looks cool!"

친구 그림이 정말 멋졌어.

그래서 내가 좋다고 했더니,

친구가 엄청 크게 웃었어.

"그 그림 진짜 멋지다!"

오늘의 단어

compliment 칭찬 · **drawing** 그림 · **really** 정말 · **cool** 멋진 ·

tell 말하다 · **big** 큰

DAY 057

Helping Out

도와주기

After dinner, I helped clean the tables.

It made my mom happy.

"I'll help clean up today."

저녁을 먹고 나서 식탁을 치우는 걸 도왔어.

엄마가 기뻐하셨어.

"오늘은 내가 치울게요."

오늘의 단어

help out 도와주다 · **after** ~후에 · **clean** 치우다 · **table** 식탁 ·

make ~하게 만들다 · **happy** 기쁜, 행복한 · **clean up** 치우다, 청소하다

DAY 058

Cheering for Friends
친구들 응원하기

Even if I lose, I can still be happy for my friends

when they win.

It feels good to clap for them.

"You were so fast!"

내가 져도, 친구가 이기면
나는 기뻐해 줄 수 있어.
친구를 위해 박수를 치면 기분이 좋아져.
"너 진짜 빨랐다!"

오늘의 단어

cheer for 응원하다 · **lose** 지다 · **still** 여전히 · **win** 이기다 · **clap** 박수를 치다 · **fast** 빠른

DAY 059
Saying No Kindly
친절하게 거절하기

I don't have to say yes to everything.

I can say no without being mean.

"No thanks, I don't feel like playing that right now."

모든 걸 다 '응'이라고 할 필요는 없어.

싫다고 해도 나쁜 건 아니야.

"미안, 지금 그거 하고 싶은 기분이 아니야."

오늘의 단어

say no 거절하다 · **kindly** 친절하게 · **everything** 모든 것 · **without** ~없이 · **mean** 못된 · **right now** 지금 당장

DAY 060

Sharing My Stuff

내 것을 나눠 주기

I brought extra snacks to school.

My friend forgot hers,

so I gave her one.

"Here, you can have mine."

간식을 학교에 좀 더 가져갔어.
근데 친구가 간식을 안 가져왔길래
내 걸 하나 줬어.
"여기, 이거 먹어."

I Can Be Kind

오늘의 단어

share 나누다, 공유하다 · **bring** 가져오다 · **extra** 추가의 · **forget** 잊어버리다 ·
here 여기 · **mine** 나의 것

Chapter 07

Someday Me

언젠가의 나

DAY 061

Taller Me

더 큰 나

[
I wonder how tall I'll be.

Will I be able to reach the top shelf without jumping?

That would be awesome.

"I'll be taller than this shelf."
]

나는 얼마나 키가 클지 궁금해.

뛰지 않아도 제일 높은 선반에 닿을 수 있을까?

그거 진짜 멋질 것 같아.

"이 선반보다 키가 더 클 거야."

오늘의 단어

tall 키가 큰 • **wonder** 궁금해하다 • **be able to** ~할 수 있다 • **reach** ~에 닿다 • **top** 꼭대기 • **shelf** 선반

DAY 062
Future Driver
미래의 운전사

I want to know how to drive.

It'd be so cool to drive!

It'd be cool to teach someone else too.

"Where should we go?"

나는 운전하는 방법을 알고 싶어.

운전할 수 있으면 진짜 멋질 것 같아!

다른 사람한테 운전을 가르쳐 주는 것도 좋을 것 같아.

"어디로 갈까?"

오늘의 단어

future 미래 · **driver** 운전사 · **how to** ~하는 방법 · **drive** 운전하다 ·
teach 가르치다 · **someone else** 다른 누군가 · **should** ~해야 한다, ~하는 게 좋다

DAY 063

More Adventures

더 많은 모험

One day, I want to go ziplining through the trees.

It looks scary, but also amazing.

I will scream and laugh at the same time.

"Someday I'm gonna do it."

언젠가 나무 사이로 짚라인을 타고 싶어.

무섭지만 엄청 멋져 보여.

나는 소리를 지르면서 웃을 거야.

"언젠가는 꼭 해 볼 거야."

오늘의 단어

adventure 모험 · **one day** 언젠가 · **go zipline** 짚라인을 타러 가다 · **through** ~사이로 · **scary** 무서운 · **also** 또한 · **scream** 소리를 지르다 · **at the same time** 동시에

DAY 064
I'm Not in a Hurry
서두르지 않아

[I don't have to know everything right now.

I can figure it out step by step.

Future me is waiting, and I'll get there.

"One step at a time."]

나는 지금 당장 모든 걸 알 필요는 없어.

한 걸음씩 알아 가면 돼.

미래의 나는 거기서 날 기다리고 있을 거야.

"한 번에 한 걸음."

오늘의 단어

in a hurry 서두르는 · **figure out** 알아내다 · **step by step** 한 걸음씩, 점진적으로 · **wait** 기다리다 · **get** ~에 도착하다 · **step** 걸음 · **at a time** 한 번에

DAY 065

Near Future Me
가까운 미래의 나

[Next month, I get to try surfing for the first time.

I'm nervous, but excited too.

Future me will be glad I tried it.

"Even if I fall a lot!"]

다음 달에 처음으로 서핑을 해 볼 거야.

긴장되지만 기대도 돼.

미래의 나는 시도해 본 걸 기뻐할 거야.

"많이 넘어져도 괜찮아!"

오늘의 단어

near 가까운 · **next** 다음의 · **get to** ~를 시작하다 · **surfing** 서핑 ·
for the first time 처음으로 · **excited** 신이 나는, 기대되는 · **fall** 넘어지다

DAY 066
Robot Helper
로봇도우미

Someday, I want to build a robot that helps people.

It could tell jokes, and carry heavy bags.

"Maybe even make the best sandwich!"

언젠가 사람들을 도와주는 로봇을 만들고 싶어.

그 로봇은 농담도 하고, 무거운 가방도 들어 줄 거야.

"그리고 진짜 맛있는 샌드위치도 만들지도 몰라!"

오늘의 단어

robot 로봇 · **helper** 도우미 · **build** 짓다, 만들다 · **joke** 농담 · **carry** 들다, 옮기다

heavy 무거운 · **maybe** 아마도 · **best** 최고의 · **sandwich** 샌드위치

DAY 067
My Future Room
미래의 내 방

I imagine my future room will have

cool lights on the ceiling.

And a huge beanbag for reading.

Maybe even a snack drawer.

"A snack drawer is a must."

미래의 내 방에는 천장에 멋진 불빛이 있을 거야.

그리고 책 읽는 커다란 빈 백 의자도 있고.

아마 간식 서랍도 있을 거야.

"간식 서랍은 필수야."

오늘의 단어

imagine 상상하다 · **light** 전등 · **ceiling** 천장 · **huge** 커다란 ·

beanbag 빈 백 의자 · **drawer** 서랍 · **must** 필수품

DAY 068

Trying Things Now

지금해보기

[
If I want to be good at something later,

I can start small now.

Like, I'm already learning guitar.

"I'd better start practicing."
]

나중에 뭔가를 잘하고 싶으면

지금부터 조금씩 시작할 수 있어.

나는 벌써 기타를 배우고 있어.

"연습을 시작해야겠다."

오늘의 단어

be good at ~에 능숙하다 · **later** 나중에 · **already** 벌써 · **guitar** 기타 · **practice** 연습하다

DAY 069
Future Me's Pets
미래의 나의 반려동물

One day, I want a dog and a cat.

I'll take care of them.

We'll go on walks and adventures.

"My pets are gonna love me."

언젠가 나는 강아지랑 고양이를 키우고 싶어.

내가 잘 돌볼 거야.

같이 산책도 하고 모험도 다닐 거야.

"내 반려동물들은 날 정말 좋아할 거야."

오늘의 단어

pet 반려동물 • **dog** 개, 강아지 • **cat** 고양이 • **take care of** ~를 돌보다 •

go on a walk 산책하러 가다 • **go on an adventure** 모험을 떠나다

DAY 070

What Will I Do?

나는 뭘 할까?

Some days I think I'll be an artist.

Other days I want to be a scientist

who finds new animals.

Maybe I can be both.

"One day I'll decide."

어떤 날은 내가 화가가 될 것 같아.

다른 날은 새로운 동물을 찾는 과학자가 되고 싶어.

어쩌면 둘 다 할 수도 있지.

"언젠가는 정할 거야."

Someday Me

오늘의 단어

artist 화가 · **scientist** 과학자 · **find** 찾다 · **animal** 동물 · **both** 둘 다 · **decide** 결정하다

Chapter 08

Getting Better Takes Time

나아지는 데는 시간이 걸려

DAY 071

Just Starting

이제 막 시작

Sometimes I want to be good right away.

If I'm not, I feel mad and want to quit.

But I remember it takes time to get better.

"I'm just starting."

가끔 나는 처음부터 잘해야 한다고 생각해.

잘 안 되면 너무 화나고 그만두고 싶어져.

그럴 땐 잘하게 되는 데는 시간이 오래 걸린다는 걸 기억해.

"난 이제 막 시작했어."

오늘의 단어

right away 곧바로, 즉각 · **mad** 화가 난 · **quit** 그만두다 · **remember** 기억하다 ·

take time 시간이 걸리다 · **get better** 나아지다 · **just** 이제 막

DAY 072

Getting Back Up
다시 일어나기

I tried skateboarding last week.

I fell like five times in five minutes.

But I got back up because I really want to learn.

"I'll get it. Just not today. Not yet."

지난주에 스케이트보드를 배워 봤어.

5분 동안 다섯 번이나 넘어진 것 같아.

그래도 다시 일어났어. 정말 배우고 싶으니까.

"난 잘할 거야. 그냥 오늘은 아직 안 되는 것뿐이야."

오늘의 단어

get back up 다시 일어서다 · **skateboard** 스케이트보드를 타다 · **last week** 지난주

fall 넘어지다 · **time** 번, 회 · **minute** 분

DAY 073

Not Quitting
포기하지 않는 것

I thought good meant no mistakes.

Now I know it means learning from them.

Even pros mess up, but they don't quit.

"Getting better is messy."

전엔 잘한다는 건 실수를 안 하는 거라고 생각했어.

근데 이제 알아. 잘한다는 건 실수에서 배우는 거야.

진짜 선수들도 실수를 해. 대신 포기하지 않을 뿐이야.

"성장하는 건 엉망일 때도 많아."

오늘의 단어

quit 그만두다 • **mean** 의미하다 • **mistake** 실수 • **learn from** ~로부터 배우다 •

pro 프로(선수) • **messy** 엉망인, 지저분한

DAY 074

Enjoying My Art
나의 그림을 즐기는 것

(I used to compare myself to my friend in art class.

Mine felt so basic compared to hers.

But now I just try to enjoy my work.

"I'm getting better.")

예전에는 미술 시간에 친구랑 나를 자꾸 비교했어.
친구 것과 비교했을 때 내 그림은 그냥 평범하게 느껴졌어.
근데 지금은 내 그림을 즐기면서 그리려고 해.
"나는 점점 나아지고 있어."

오늘의 단어

enjoy 즐기다 · **art** 그림, 미술 · **used to** 예전에는 ~했다 ·

compare to ~와 비교하다 · **basic** 기초적인 · **work** 작품

DAY 075

Reading Out Loud
큰소리로 읽는것

There was a time when I couldn't even talk in class.

Now I can read out loud.

I still get nervous, but I don't let it stop me.

"I still get butterflies, but hey, I did it!"

예전엔 반에서 말도 못한 적이 있었어.

근데 지금은 책도 소리 내서 읽을 수 있어.

아직도 떨리긴 하지만, 그게 나를 멈추게 하진 않아.

"아직도 좀 떨리지만… 그래도 해냈어!"

오늘의 단어

read 읽다 · **out loud** 소리 내어 · **time** 시기 · **even** ~조차도 · **nervous** 긴장한

let ~하게 하다 · **stop** 멈추다 · **get butterflies** 안절부절못하다

DAY 076
Getting Faster
빨라지는 것

I was so bad at running last year.

I'd always be last. But I kept going.

And now? I'm not last anymore.

Maybe not first, but I'm getting stronger and faster!

"I didn't quit. That's my win."

작년엔 달리기를 너무 못해서 늘 꼴찌였어.

그래도 계속 했어.

그리고 지금은? 이제 더는 꼴찌는 아니야.

1등은 아니어도, 점점 더 세지고 빨라지고 있어!

"포기하지 않았어. 그게 내 승리야."

오늘의 단어

get faster 더 빨라지다 • **be bad at** ~을 못하다 • **last year** 작년 • **last** 마지막인 •
keep going 계속하다 • **anymore** 더 이상 • **first** 첫 번째 • **strong** 강한, 센 • **win** 승리

DAY 077

Forgetting Rules
규칙을 잊어버릴때

At soccer, I still forget the rules sometimes.

I get mixed up and kick it the wrong way.

But coach says,

"You keep showing up. That's how players grow."

"Next time, I'll be better!"

축구를 할 때 아직도 가끔 규칙이 헷갈려.

반대로 차기도 하고 엉뚱한 데로 찰 때도 있어.

그런데 코치 선생님이 말씀하셨어.

"계속 나온 것만으로도 멋진 거야. 진짜 선수는 그렇게 자라는 거야."

"다음엔 더 잘할 거야!"

오늘의 단어

rule 규칙 • **soccer** 축구 • **sometimes** 가끔 • **get mixed up** ~를 헷갈리다 • **kick** 차다

wrong 잘못된 • **coach** 코치 • **show up** 나타나다 • **player** 선수 • **grow** 자라다

DAY 078

Messing Up
실수할 때

When I mess up in front of people,

I feel like it's the only thing anyone will remember.

But now I get it.

People don't remember my mistakes like I do.

"I'm not stressing,

I'll laugh about this later anyway."

사람들 앞에서 실수하면 사람들이 내 실수만 기억할 것 같았어.

근데 이제는 알아.

사람들은 내가 생각하는 것만큼 내 실수에 신경을 안 써.

"괜찮아. 어차피 나중에 웃으면서 말할 수 있을 거야."

오늘의 단어

in front of ~앞에 · **the only thing** 유일한 것 · **remember** 기억하다 · **get** 알다 ·

anyway 어쨌든

DAY 079
Learning Guitar
기타를 배우는 것

I tried learning guitar, and at first,
my fingers felt like spaghetti.
But I stuck with it. Now I can play a whole song!
**"That first week was rough.
Glad I didn't give up."**

기타를 처음 배울 때,
손가락이 마치 스파게티처럼 흐물거렸어.
그래도 계속했어. 이젠 한 곡을 다 연주할 수 있어!
"첫 주는 힘들었어. 포기 안 하길 잘했어."

오늘의 단어

at first 처음에 · **finger** 손가락 · **spaghetti** 스파게티 · **stick with** ~을 계속하다 · **play** 연주하다 · **whole** 전체의 · **rough** 힘든 · **give up** 포기하다

DAY 080

Growing Up
성장하는것

Sometimes I look back at my old journal and go,

"Whoa… I've really changed."

It's kind of wild how you don't even notice

you're changing until later.

"Look at me, leveling up."

가끔 내 옛날 일기장을 보면,
"와… 나 진짜 많이 달라졌네." 싶어.
바뀔 때는 잘 모르지만, 시간이 지나면 분명 느껴져.
"봐, 난 레벨업 중이야."

오늘의 단어

grow up 성장하다 • **look back** 되돌아보다 • **old** 오래된 • **journal** 일기장 • **kind of** 약간 • **wild** 터무니없는 • **notice** 알아채다 • **until** ~까지 • **level up** 레벨이 올라가다

Chapter 09

Strong Body, Strong Me

강한 몸, 강한 나

DAY 081
Best Snack Power
힘 나는 최고의 간식

[Eggs make me full, apples make me happy.

String cheese keeps me going until dinner.

I like eating good stuff!

"Fuel for the win."]

계란은 배부르게 해 주고, 사과는 기분을 좋게 해 줘.
스트링 치즈는 저녁까지 힘이 나게 해.
좋은 걸 먹는 게 좋아!
"힘 나는 간식이 최고야."

오늘의 단어

power 힘 • **egg** 계란 • **full** 배부른 • **until** ~까지 • **good stuff** 좋은 것 •

fuel 연료(=음식) • **for the win** '최고'를 뜻하는 표현

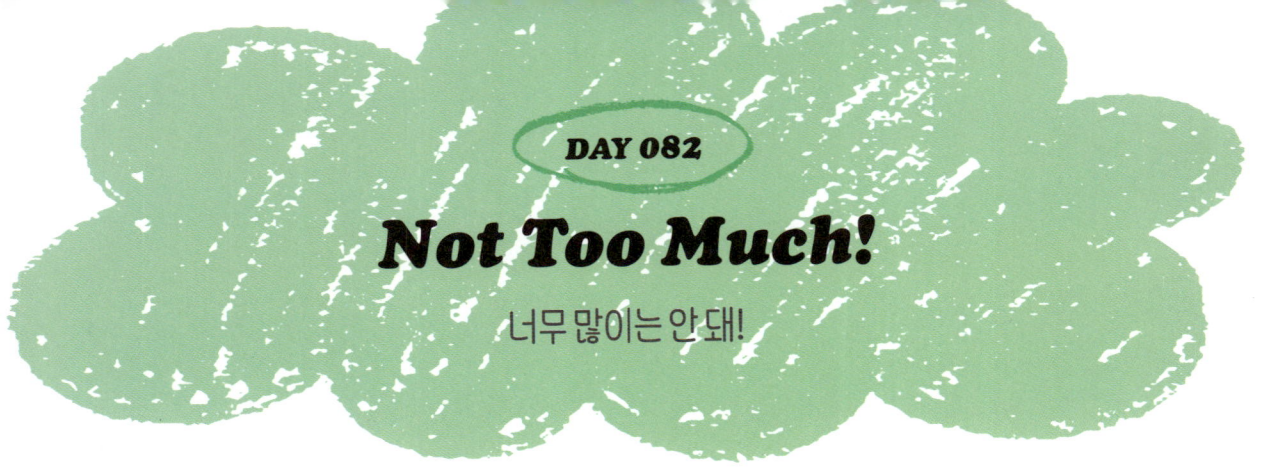

DAY 082
Not Too Much!
너무 많이는 안돼!

I love candy.

But if I eat too much, my stomach's like, "Nope."

So I eat a little and then grab strawberries.

"I love strawberries."

난 사탕을 진짜 좋아해.

근데 너무 많이 먹으면 배가 "그만."이라고 해.

그래서 사탕은 적게 먹고 딸기를 먹어.

"난 딸기를 좋아해."

Strong Body, Strong Me

오늘의 단어

too much 너무 많이 • **candy** 사탕 • **stomach** 배, 위 • **a little** 적은, 적게 • **grab** 간단히 먹다 • **strawberry** 딸기

Moving Time
움직이는 시간

[
I can run, jump, and climb.

I get sweaty, but it feels awesome.

Tag is basically my workout.

"Catch me if you can!"
]

나는 달리고, 점프하고, 오를 수 있어.

땀은 나지만 기분이 최고야.

술래잡기는 내 운동 같은 거야.

"잡을 수 있으면 잡아 봐!"

Strong Body, Strong Me

오늘의 단어

move 움직이다 · **run** 달리다 · **climb** 오르다 · **sweaty** 땀이 나는 · **tag** 술래잡기 · **basically** 근본적으로 · **workout** 운동 · **catch** 잡다

DAY 084

Bike Adventures

자전거 모험

[
When I ride my bike,

the wind blows like, WHOOSH.

My legs burn, but it's the good kind.

"Let's go fast mode."
]

자전거를 타면 바람이 "슈우웅" 불어.

다리가 타는 것처럼 아픈데 기분 좋은 아픔이야.

"빠른 모드로 가자."

Strong Body, Strong Me

오늘의 단어

bike 자전거 · **adventure** 모험 · **ride** 타다 · **wind** 바람 · **blow** 불다 ·
leg 다리 · **burn** (불 등이) 타다 · **kind** 종류

DAY 085

Stretching Before Sports

운동 전 스트레칭

Before swimming, I stretch my arms and legs.

It makes me feel comfy and ready to swim.

"Now I'm ready."

수영하기 전에 팔이랑 다리를 스트레칭 해.

그러면 편안해지고 수영할 준비가 돼.

"이제 준비됐어."

오늘의 단어

stretching 스트레칭 · **before** ~전에 · **sports** 스포츠 · **swim** 수영하다 · **arm** 팔 · **leg** 다리 · **comfy** 편안한 · **ready** 준비된

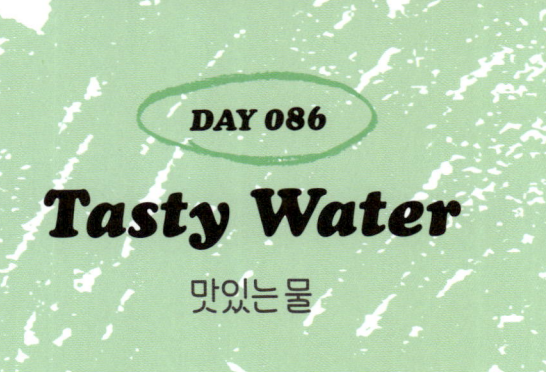

DAY 086
Tasty Water
맛있는물

[After running around, water tastes amazing.

What would I do if there was no water in the world?

It's like a recharge for my body.

"Ahhh… perfect."]

뛰어다닌 뒤에 마시는 물은 진짜 맛있어.

세상에 물이 없다면 어떡하지?

물은 내 몸을 충전시켜 줘.

"아… 완벽해."

오늘의 단어

tasty 맛있는 · **water** 물 · **run around** 뛰면서 돌아다니다 · **taste** ~한 맛이 나다 · **recharge** 충전 · **body** 몸 · **perfect** 완벽한

DAY 087
Hand Wash Squad
손씻기팀

Even if I'm starving, I still wash my hands first.

It feels good knowing I'm not eating mystery germs.

Warm water is the best.

"Clean hands, happy stomach."

배가 엄청 고파도 먼저 손을 씻어.
이상한 세균은 안 먹는 게 좋잖아.
따뜻한 물이 최고야.
"깨끗한 손, 행복한 배."

Strong Body, Strong Me

오늘의 단어

wash 씻기; 씻다 · **squad** 무리, 집단 · **starve** 배가 매우 고프다, 굶주리다 · **first** 먼저 · **mystery** 알 수 없는 · **germ** 세균 · **warm** 따뜻한

DAY 088
Toothbrush Time
칫솔 시간

My toothbrush is blue and sparkly.

Brushing makes my teeth feel squeaky.

I like my toothbrush!

"Shiny teeth check!"

내 칫솔은 파랗고 반짝거려.

양치를 하면 이가 뽀득뽀득 깨끗해져.

내 칫솔이 좋아!

"반짝반짝 치아 체크!"

오늘의 단어

toothbrush 칫솔 • **blue** 파란색 • **sparkly** 반짝이는 • **brush** 솔질을 하다 • **teeth** 이 • **squeaky** 뽀득거리는, 삐걱거리는 • **shiny** 빛나는, 반짝거리는

DAY 089
Sleep Magic
잠의 마법

[When I actually go to bed early, I wake up ready.

No grumpy face, no dragging my feet.

Plus, I get cool dreams sometimes.

"More sleep makes me feel better."]

진짜 일찍 자면 아침에 상쾌하게 일어나.

찡그린 얼굴도 없고, 발도 질질 끌지 않아.

게다가 가끔 멋진 꿈도 꿔.

"잠을 많이 자면 기분이 좋아."

Strong Body, Strong Me

오늘의 단어

magic 마법 • **go to bed** 잠을 자러 가다 • **wake up** 일어나다 • **grumpy** 심술궂은 • **drag** 질질 끌다 • **feet** 발(foot)의 복수형 • **plus** 게다가 • **dream** 꿈

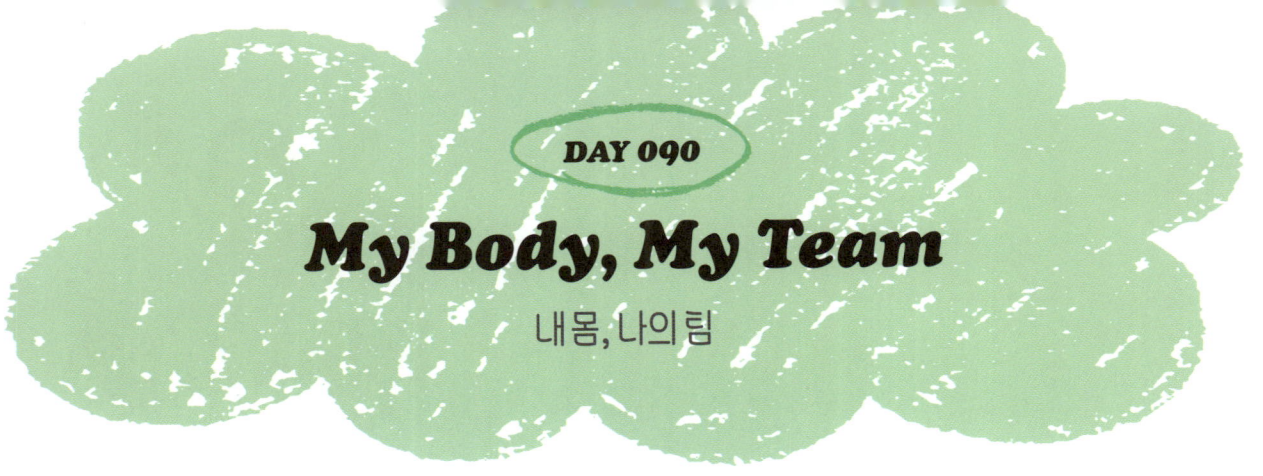

DAY 090
My Body, My Team
내 몸, 나의 팀

[
This is the only body I've got.

I feed it, move it, rest it, and keep it clean.

It lets me do all my favorite things.

"Go team me!"
]

이건 내가 가진 유일한 몸이야.

먹이고, 움직이고, 쉬게 하고, 깨끗하게 해.

그러면 내가 좋아하는 걸 다 할 수 있어.

"나 파이팅!"

Strong Body, Strong Me

오늘의 단어

only 유일한 · **feed** 먹이다 · **rest** 쉬게 하다 · **keep** 유지하다 · **clean** 깨끗한 ·

favorite 가장 좋아하는

Best Part of My Day

하루의 가장 좋은 부분

DAY 091

Laughing So Hard
많이 웃는 것

I made up a silly game with my friends

and we laughed so hard!

I like that we don't need anything fancy to have fun.

"We had so much fun!"

친구들이랑 웃긴 게임을 만들었어.

우리는 정말 많이 웃었어!

멋진 게 없어도 재밌게 놀 수 있는 게 좋아.

"진짜 너무 재밌었어!"

오늘의 단어

laugh so hard 아주 많이 웃다 · **make up** 만들어 내다 · **silly** 우스운 ·

fancy 멋진 · **have fun** 재밌는 시간을 보내다

DAY 092

Blue Popsicles

파란색 아이스 바

We had popsicles after school because it was so hot.

It tasted amazing.

We tried to see whose tongue turned the bluest.

"Look at our tongues!"

너무 더워서 방과 후에 아이스 바를 먹었어.

진짜 맛있었어.

누구 혀가 제일 파랗게 됐는지 내기를 했지.

"우리 혀 좀 봐!"

오늘의 단어

popsicle 막대 형태의 아이스크림 · **hot** 더운 · **see** 보다 · **whose** 누구의 · **tongue** 혀

DAY 093

Mini Band

미니 밴드

We had music class and I got to play the drums.
I made up my own beat, and it was fun.
My friend joined in and we had a mini band going.
"Let's play another song!"

오늘 음악 시간에 북을 쳤어.
내가 직접 박자를 만들었는데 재밌었어.
친구가 같이 해서 작은 밴드가 된 기분이었어.
"다른 노래도 연주하자!"

오늘의 단어

music class 음악 시간 · **drum** 북, 드럼 · **beat** 박자 · **fun** 재미있는 · **join** 함께하다 · **another** 또 다른 하나

DAY 094
The Tallest Tower
가장 높은 탑

It rained today, so we played inside.

We built the tallest block tower we've ever made.

"It was the tallest we've ever built."

오늘은 비가 와서 실내에서 놀았어.

우리가 만든 블록 탑 중에 제일 높은 걸 세웠어.

"우리가 세운 것 중에 가장 높았어."

오늘의 단어

tower 탑 · **rain** 비가 오다 · **today** 오늘 · **play** 놀다 · **inside** ~안에서 · **build** 세우다

DAY 095

Same Outfit
같은 옷차림

My best friend and I wore

almost the same outfit by accident.

We didn't plan it, but it looked like we did.

"Total coincidence!"

내 가장 친한 친구랑 우연히 거의 똑같은 옷을 입었어.

맞춘 건 아닌데 마치 맞춘 것처럼 보였어.

"완전 우연이야!"

오늘의 단어

outfit 옷차림 · **wear** 입다 · **almost** 거의 · **by accident** 우연히 · **plan** 계획하다 · **total** 완전한 · **coincidence** 우연

DAY 096
Soft Cookie
부드러운 쿠키

At lunch, my friend shared her cookie with me.

It was one of those giant soft ones.

I saved the last bite because it was so good.

"That was the best cookie ever."

점심시간에 친구가 쿠키를 나눠줬어.

크고 부드러운 쿠키였어.

너무 맛있어서 마지막 한 입은 아껴 먹었어.

"내가 먹어 본 쿠키 중에 최고였어."

오늘의 단어

soft 부드러운 · **cookie** 쿠키 · **share** 나누다 · **giant** 매우 큰 · **save** 아끼다 · **bite** 한 입

DAY 097

New Sneakers

새 운동화

I wore my new sneakers to school.

They made me feel like

I could run faster than anyone.

"I can't wait to run!"

새 운동화를 신고 학교에 갔어.

누구보다 빨리 뛸 수 있을 것 같은 기분이었어.

"빨리 뛰고 싶다!"

Best Part of My Day

오늘의 단어

sneakers 스니커즈 운동화 · **wear** 신다 · **anyone** 그 누군가 ·
can't wait to 빨리 ~하고 싶다

DAY 098

Fun Story
재밌는 이야기

My teacher read us a story with all the voices.

It was like watching a cartoon in real life.

I didn't want the bell to ring.

"Best story ever."

선생님이 여러 목소리로 동화를 읽어 주셨어.

진짜 만화를 보는 것 같았어.

종이 치지 않았으면 했어.

"진짜 최고의 이야기였어."

오늘의 단어

story 이야기 · **read** 읽다 · **voice** 목소리 · **cartoon** 만화 · **real life** 실생활 ·
bell 종 · **ring** (종이) 울리다

DAY 099

Playing Fetch
공 던져 주기 놀이

On Saturday, I played fetch with my dog.

He's really good at bringing the ball back,

and I love playing with him.

It's our thing.

"Good work, buddy."

토요일에 우리 강아지랑 공놀이를 했어.
공을 진짜 잘 가지고 와.
같이 노는 거 너무 좋아. 이건 우리만의 놀이야.
"잘했어, 친구."

오늘의 단어

fetch 공 던지고 물어오기 • **Saturday** 토요일 • **bring back** 가지고 돌아오다 • **buddy** 친구

DAY 100
Board Game
보드게임

After dinner, my family played a board game.

I made the funniest move of the night.

We laughed so much we forgot whose turn it was.

"Guess what this is!"

저녁 먹고 가족이랑 보드게임을 했어.

내가 그날 제일 웃긴 수를 뒀어.

너무 웃어서 누구 차례인지 잊어버렸어.

"이게 뭔지 맞혀 봐!"

오늘의 단어

move 움직임 · **night** 밤 · **turn** 차례 · **guess** 알아맞히다